"손은 곧 **소리**다. 수어는 **언어**다."

"스포츠의 시작은 **소통**입니다."

CONTENTS

1 필수 용어 015
A 경기장 용어 | B 역할 용어 | C 규칙 용어

2 기본 용어 063
A 공격 용어 | B 수비 용어

3 심화 용어 111
A 공격 용어 | B 수비 용어 | C 기타 용어 | D 투구 구종

4 프로 야구팀 171

5 INDEX 184

BACKGROUND

250,334명의 농인들 중 **113명**이
14개 야구팀에서 선수로 활동하고 있습니다.
[2017.04.01 기준]

국립국어원에 등록된 **24,792개**의 수어 중
야구 관련 수어는 단 **3개**뿐입니다.

[2017.04.01 기준]

BACKGROUND

하지만 야구 경기에는 최소 **135가지**의 용어가 필요합니다.

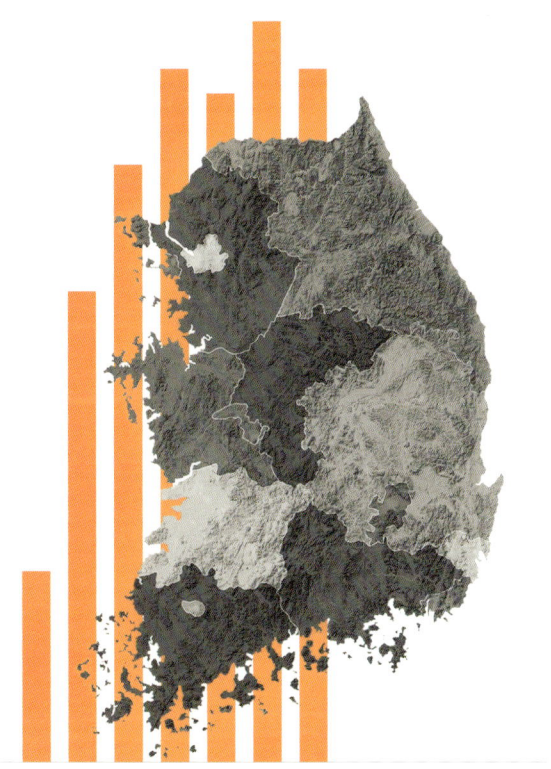

현재 농인 야구인들은 **지역별로 각기 다른 수어를** 사용하고 있습니다.

BACKGROUND

한국복지대학교 수화통역과 외래교수 | 이미혜

"현재까지 야구 수어가 제작된 전례가 없었습니다. 기존의 수어는 농인들의 관점이 아닌 청인들의 관점에서 만들어졌기 때문에 농인들이 사용하는데 어려움이 많았습니다.

한화이글스가 시작한 이번 프로젝트의 야구 수어 제작 과정은 농인들이 실제 사용하고 있는 수어를 분석하였고 특히 농인들의 시각적인 특성과 직관력을 중점적으로 고려해서 만들었기 때문에 농인들이 새로운 수어를 받아들이고 사용할 때 어려움이 전혀 없도록 심사숙고하여 제작하였습니다."

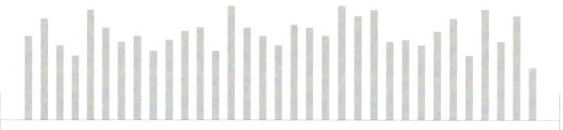

농인야구협회 전무 | 박영진

"그동안 통일된 야구 수어가 없어 의사소통에 많은 어려움이 있었습니다. 이번에 제작한 수어는 실제 농인들이 야구를 하며 많이 사용하는 동작들을 참고해 야구를 한 번도 접해보지 못한 농인들도 한눈에 보고 파악하기 쉽도록 수어 동작들을 제작하였습니다.

이번 프로젝트를 통해 더 많은 농인들이 야구를 쉽게 즐길 수 있게 되고, 청인들도 농인 야구에 대한 많은 관심을 가지는 계기가 되었으면 좋겠습니다."

BACKGROUND

중앙일보 스포츠부 기자 | 김식

"사전적 단어 선별보다는 실제로 경기를 하고, 즐길 수 있게 필수 단어부터 심화 단어로 중요도를 분류하였고, 야구를 처음 접하는 농인들도 야구 수어뿐만 아니라 야구의 기본 규칙을 배울 수 있도록 구성하였습니다.

이 프로젝트를 시작으로 농인 야구인들 사이에서 좀 더 정확하고 일관된 소통체계가 생긴다면 앞으로 더 많은 농인들이 야구라는 스포츠를 접하고 재밌게 즐길 수 있을 것으로 생각합니다."

한화이글스 대표이사 | 김신연

"프로야구 관중 수가 어느새 800만 명을 넘어서며
명실상부 대한민국 최고 인기 스포츠가 되었습니다.
하지만 누군가에겐 아직도 야구가 어렵고 이해하기
힘든 스포츠입니다.

모두가 야구의 즐거움을 함께 나눌 수 있는 소통,
이것이 **한화이글스**가 해야 할 일이라고 생각했습니다.

'세상에 없던 말'을 통해 25만 농인들이 야구의 재미를
알아가고, 나아가 우리 모두가 야구를 통해 소통하며
더 밝고 활기찬 오늘을 누릴 수 있길 기대해봅니다."

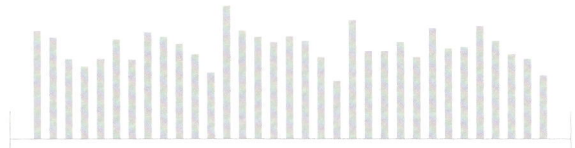

"이 책에 담긴 수어는 **250,334명**의 농인들을 **야구로 초대**합니다."

"**한화이글스**는 이 책이 **소통의 시작**이길 바랍니다."

1-A 필수 용어 / 경기장 용어

기호 설명

x2 두 번 반복

001 | 야구장

야구 경기를 하는 장소.

002 | 홈 베이스(홈 플레이트, 본루, 홈)

내야 사각형 꼭짓점에 있는 흰색 발판. 포수 앞쪽의 오각형 베이스. 1-2-3루를 거쳐 이 누(베이스)를 밟으면 득점.
[스트라이크 존 좌우 폭의 기준.]

1-A 필수 용어 / 경기장 용어

003 | 누(베이스)_1루

내야 사각형 꼭짓점에 있는 흰색 발판. 홈 베이스(본루)에서 볼 때 사각형 오른쪽 꼭짓점에 있는 누(베이스).

004 | 누(베이스)_2루

내야 사각형 꼭짓점에 있는 흰색 발판. 홈 베이스(본루)에서 볼 때 사각형 반대쪽 꼭짓점에 있는 누(베이스).

005 | 누(베이스)_3루

내야 사각형 꼭짓점에 있는 흰색 발판. 홈 베이스(본루)에서 볼 때 사각형 왼쪽 꼭짓점에 있는 누(베이스).

006 | 내야

내야는 4개 누(베이스)가 위치한 좁은 공간.

007 | 외야

외야는 내야 뒤부터 담장 앞까지의 넓은 공간.

008 | **마운드**

투수가 공을 던지는 언덕.

009 | 타석

① 홈 베이스(홈 플레이트) 옆에서 타격을 하는 자리.
② 타자가 아웃되거나 출루하는 공격 횟수.

010 | 더그아웃

선수들의 대기 구역. 코치진이 작전을 지시하는 장소.
[1루와 3루 뒤에 팀별로 나뉘어 위치.]

1-B 필수 용어 / 역할 용어

기호 설명

x2 두 번 반복

011 | 타자

투수와 맞서 방망이(배트)로 공을 때리는 선수.

012 | 투수

타자를 상대로 공을 던지는 선수.

1-B 필수 용어 / 역할 용어

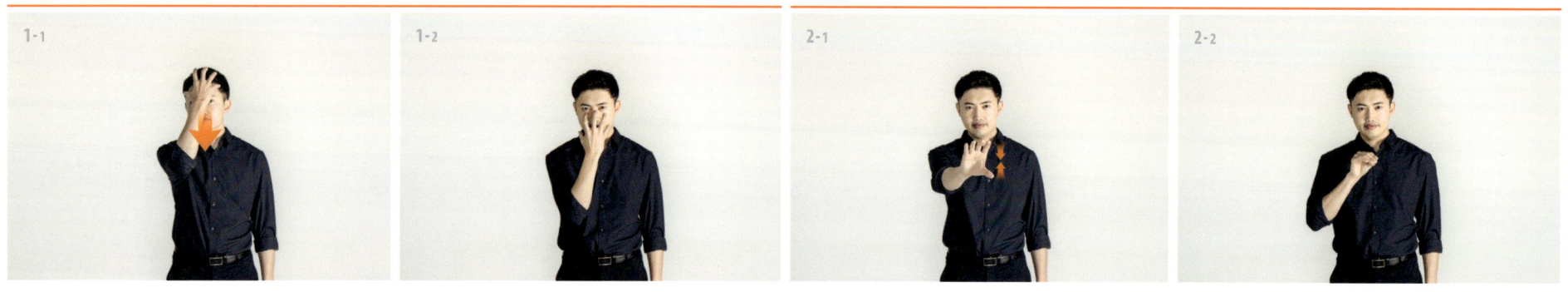

013 | 포수

투수의 공을 받고, 홈 베이스(본루)를 지키는 선수.

014 | **1루수**

1루 베이스 근처에서 수비하는 선수.

1-B 필수 용어 / 역할 용어

015 | 2루수

2루 베이스 근처에서 수비하는 선수.

016 | 3루수

3루 베이스 근처에서 수비하는 선수.

017 | 유격수

2루와 3루 사이를 수비하는 선수.

018 | 좌익수

홈 베이스(본루)에서 볼 때 외야 좌측을 수비하는 선수.

1-B 필수 용어 / 역할 용어　　　　　　　　　　　　　　　　　　　　　　　　　　BASEBALL SIGN LANGUAGE DICTIONARY

019 | 중견수

홈 베이스(본루)에서 볼 때 외야 중앙을 수비하는 선수.

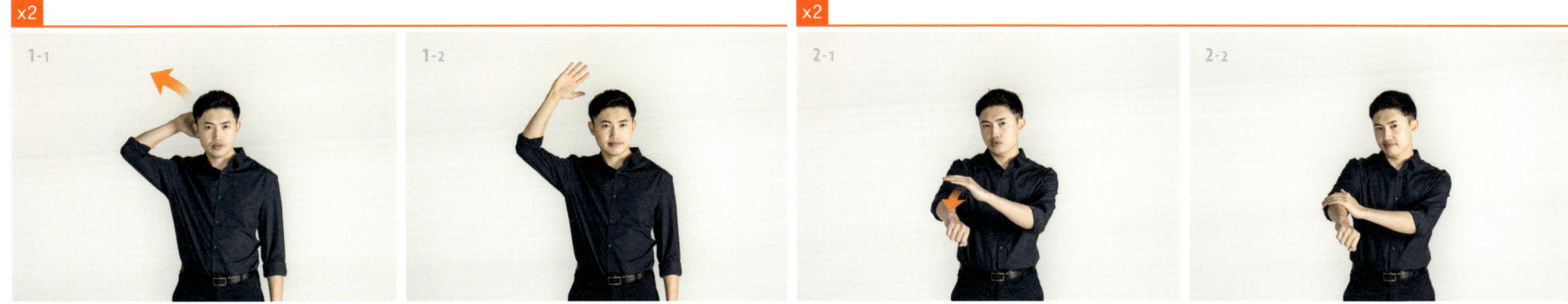

020 | 우익수

홈 베이스(본루)에서 볼 때 외야 우측을 수비하는 선수.

021 | 주자

안타, 볼넷 및 몸에 맞는 볼 등으로 살아나간 공격수.
[홈 베이스(본루)에서 출발한 주자는 타자 주자, 1루에서 출발한 주자는 1루 주자로 부른다.]

022 | 감독

경기의 모든 결정권을 가진 선수단의 최고 책임자.

023 | 코치

감독을 보좌하며 각 분야에서 선수들을 가르치고 돕는 사람.

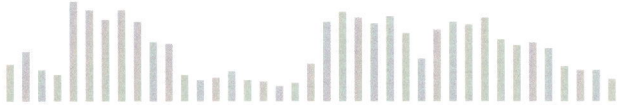

024 | 심판

경기 상황에 대한 판정을 내리는 사람.

1-C 필수 용어 / 규칙 용어

기호 설명

`x2` 두 번 반복

`>>` 빠르게

`≈` 느리게

`OPT 1` `OPT 2` `OPT 3` 선택 1, 2, 3

025 | 이닝(회)

한 팀이 아웃 카운트 3개를 당하기 전까지의 공격 기회. 한차례의 공격과 수비가 1이닝을 이룬다.

026 | 스트라이크

투수가 던진 공이 스트라이크 존을 통과하거나, 타자가 방망이를 휘둘렀지만 공을 못 맞춘 경우.
[스트라이크 세 번이면 타자는 죽는다(아웃).]

027 | 스트라이크 존

투수가 던진 공이 스트라이크로 판정되는 공간.
[일반적으로 높이는 타자 무릎부터 가슴 사이, 너비는 홈 플레이트 좌우.]

028 | 볼

투수가 던진 공이 스트라이크 존을 벗어난 경우. 볼이 네 번이면 타자는 1루로 출루한다.
[공이 스트라이크 존을 벗어났지만 타자가 방망이를 휘둘러 공을 맞히지 못한 경우 스트라이크로 판정된다.]

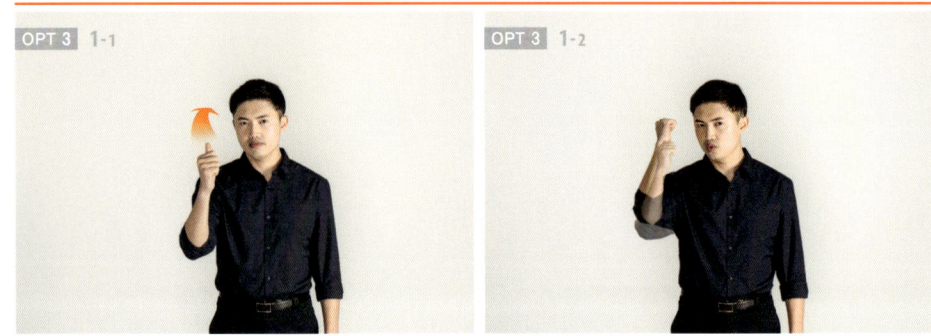

029 | 아웃

어떠한 조건에 의해 공격수가 죽어 플레이를 멈추고 더그아웃으로 돌아가는 것.
[한 이닝에 죽은(아웃 된) 공격수의 수에 따라 무사 / 1사 / 2사. 3명이 죽으면 공격과 수비가 바뀐다.]

030 | 세이프

공격수가 안타 또는 도루, 진루와 같이 다음 누(베이스)로 뛸 때, 죽지 않고(아웃되지 않고) 살아남은 경우.

031 | 볼 카운트

투수가 한 타자를 상대할 때 스트라이크와 볼의 개수.

032 | 안타

투수가 던진 공을 타자가 쳐서 안전하게 살아나가는 상황.

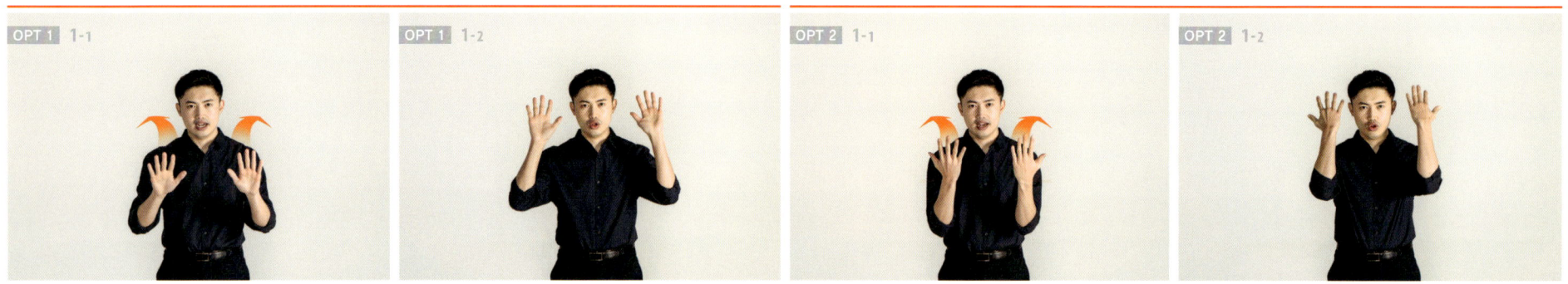

033 | 파울(파울볼)

타자가 친 공이 내야나 외야가 아닌 바깥쪽(파울 지역)에 떨어진 경우.
[스트라이크 2개까지는 파울을 스트라이크로 계산.]

034 | 페어(페어볼)

타자가 쳐서 파울 지역이 아닌 정상적인 곳에 떨어진 경우(공).

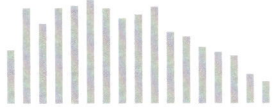

035 | 홈런

타자가 타격을 한 뒤, 한 번에 모든 누(베이스)를 통과하여 홈(본루)으로 돌아와 자신의 힘으로 득점하는 것.
[일반적으로 타구가 경기장 외야 담장 밖으로 넘어간 경우.]

036 | 타임

선수 교체, 작전 지시 등을 위해 심판의 허락을 얻어 경기를 잠시 멈추는 일.

037 | 볼 데드

정해진 규칙이나 심판의 타임 선언에 따라 모든 플레이가 중지된 상태나 시간.

038 | 볼 인 플레이

경기가 중지되지 않고 진행되는 상태나 시간.
[볼 데드의 반대.]

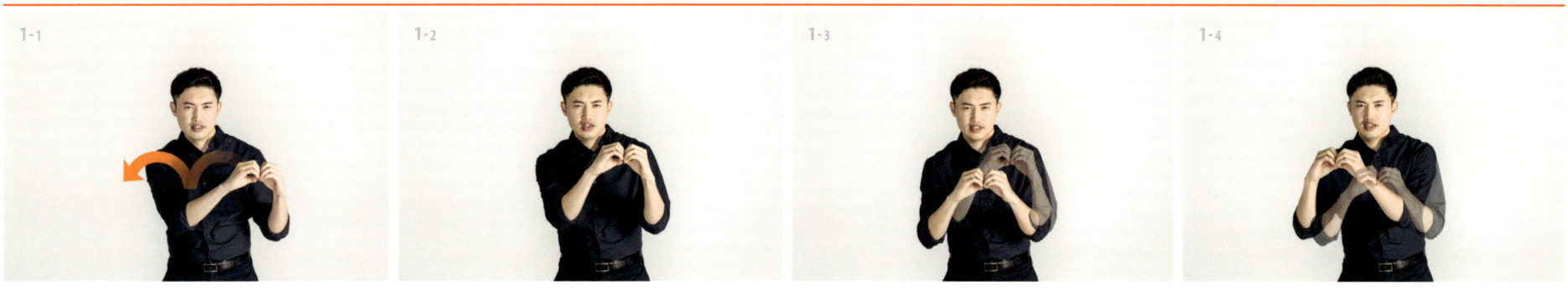

039 | 연장전

9회 말이 끝나도 동점 상황이면 새 이닝을 시작.
[국내 프로야구의 경우 연장 10 ~ 12회까지 진행.]

040 | 어필

심판의 판정에 이의를 제기하는 행위.

041 | 합의 판정(비디오 판독)

프로야구에서 중계 카메라를 통해 심판 판정을 정정하는 행위.
[팀당 한 경기에 2회씩 신청 가능.]

042 | **퇴장**

규칙을 어긴 선수나 감독, 코치를 심판이 경기장 밖으로 내보내는 행위.

2-A 기본 용어 / 공격 용어

기호 설명

- **x2** 두 번 반복
- **》》** 빠르게
- **≈** 느리게

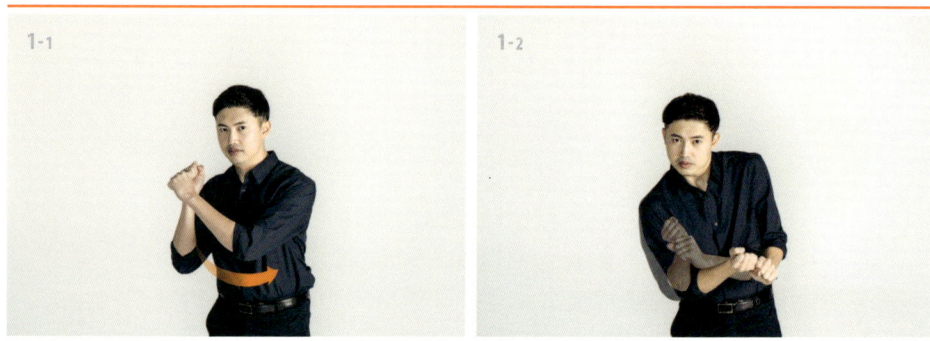

043 | 당겨치기

방망이를 당기듯 스윙해 몸통 회전 방향으로 타구를 보내는 타법.
[우타자의 경우 좌익수 방향.]

044 | 밀어치기

방망이를 밀듯 스윙해 몸통 회전 반대 방향으로 타구를 보내는 타법.
[우타자의 경우 우익수 방향.]

045 | 번트

타자가 방망이를 휘두르지 않고 갖다 대어 느린 땅볼을 만드는 공격 방법.

046 | 땅볼

타자가 친 공이 땅에 닿은 뒤 수비수에게 잡힌 타구.

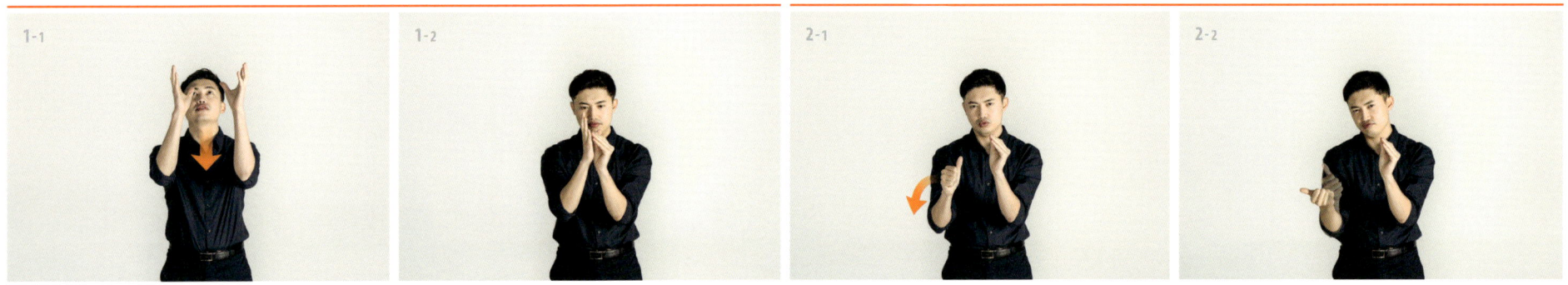

047 | 플라이(뜬공)

타자가 쳐서 높게 떠오른 공.

048 | 장타

2루타, 3루타, 홈런을 통칭.

049 | 득점

주자가 1-2-3루를 거쳐 홈 베이스(본루)를 밟아 점수를 얻는 것.

050 | 결승타

팀이 승리 한 경기에서 상대를 앞서는 상황을 만든 타점.
[1 : 1인 경우 2 : 1을 만든 타점.]

051 | 끝내기

9회 말이나 연장전 말 공격에서 지고 있거나 비기고 있는 팀이 경기를 끝내는 상황.

052 | 출루

타자가 안타, 볼넷, 몸에 맞는 볼 등으로 살아나가는 경우.

053 | 진루

공격수가 다음 누(베이스)로 나아가는 일.
*주자의 위치에 따라 손의 위치를 달리한다.

054 | 도루

타자의 도움 없이 주자가 뛰어서 다음 누(베이스)로 가는 행위. '누를 훔친다'고 표현한다.

055 | 귀루

주자가 원래 있던 누(베이스)로 돌아오는 것.
*주자의 위치에 따라 손의 위치를 달리한다.

056 | 만루

공격팀 주자가 1, 2, 3루를 모두 채우고 있는 상황.

2-A 기본 용어 / 공격 용어

BASEBALL SIGN LANGUAGE DICTIONARY

057 | 슬라이딩

공격수가 누(베이스)를 밟기 위해 미끄러지듯 몸을 던지는 동작.

058 | 밀어내기

만루에서 타자가 볼넷이나 몸에 맞는 볼로 진루.
[1득점 후 다시 만루가 된다.]

059 | 대타

타자를 대신해 그의 타순에 들어가 타격하는 다른 선수.

060 | 주자 교체(대주자)

누(베이스)에 나가있는 주자를 다른 선수로 교체하는 경우(교체된 선수).

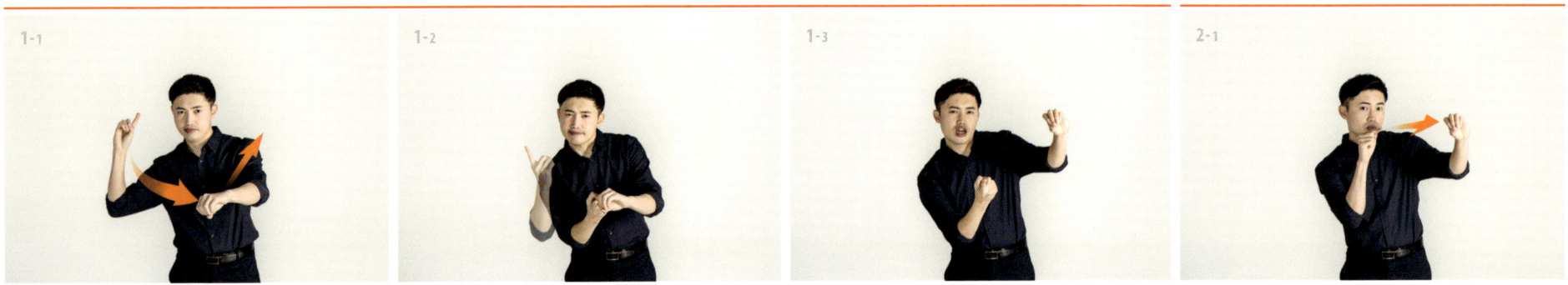

061 | 타구

타자가 친 공.

062 | 타순

공을 치는 선수의 차례.

063 | 타점

타자의 플레이(안타, 밀어내기 볼넷 등)로 얻은 점수.

064 | 타율

안타를 타수(볼넷, 몸에 맞는 공, 희생타 등을 뺀 공격 횟수)로 나눈 값.

2-B 기본 용어 / 수비 용어

기호 설명

x2 두 번 반복

>> 빠르게

OPT 1 **OPT 2** **OPT 3** 선택 1, 2, 3

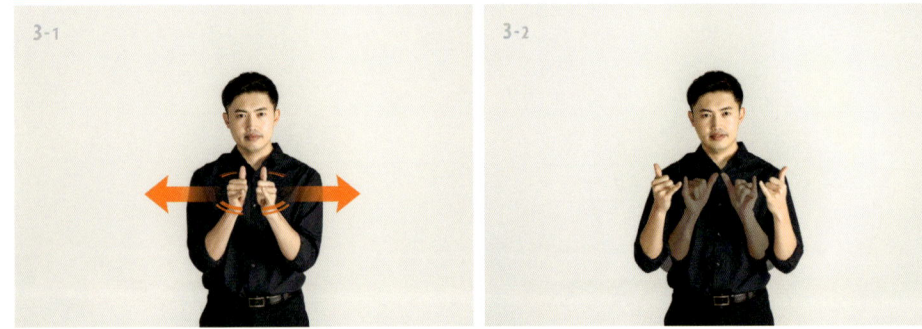

065 | 선발 투수

경기에서 가장 먼저 공을 던지는 투수.

066 | 구원 투수(중계 투수)

다른 투수와 교체되어 경기 중간에 나가서 던지는 투수.
[중간 계투.]

067 | 와인드업

투수가 발(우투수는 왼발)을 뒤로 빼고 양손을 머리 위로 들어서 힘을 모으는 동작.
[대부분 주자가 없을 때 활용.]

068 | 세트 포지션

투수가 발(우투수는 왼발)을 뒤로 빼지 않고 재빨리 던지는 동작.
[주자의 도루를 막기 위한 간결한 동작.]

069 | 직구

투수가 던지는 가장 빠른 공.
[직선에 가까운 궤적.]

070 | 변화구

회전의 영향으로 비행 방향이 변화하는 투구.

071 | 삼진

세 번째 스트라이크가 포수에게 잡혀 타자가 죽는 상황(아웃).

072 | 볼넷_사구(四球)

타자가 볼 4개를 얻어 1루로 출루.

073 | 몸에 맞는 볼_사구(死球)

타자 몸에 투구가 닿아 1루로 출루.
[몸에 맞는 경우에도 투구가 스트라이크존을 통과한 경우는 스트라이크.]

074 | 견제(견제구)

주자의 도루를 막기 위해 투수가 누(베이스) 수비수에게 던지는 공.

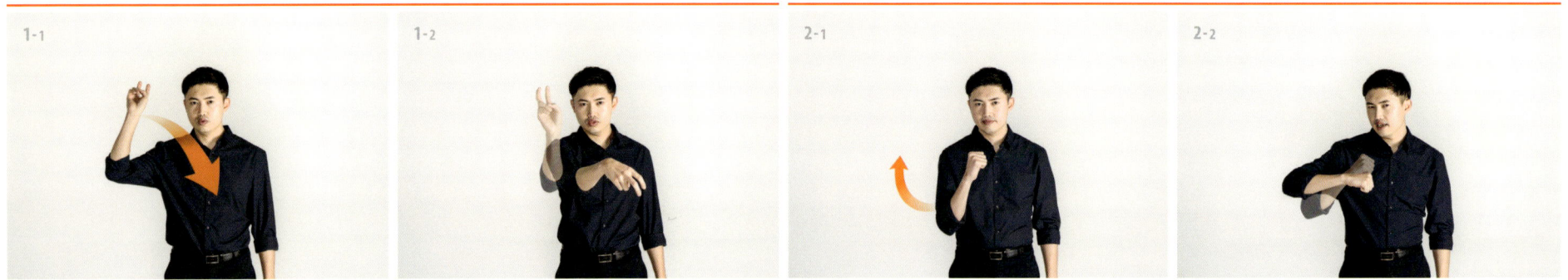

075 | 보크

투구 규칙 위반 행위.
[주자들은 한 누(베이스)씩 전진한다.]

076 | 폭투(와일드 피치)

투수가 잘못 던져서 공이 포수의 글러브에 들어가지 않은 경우.

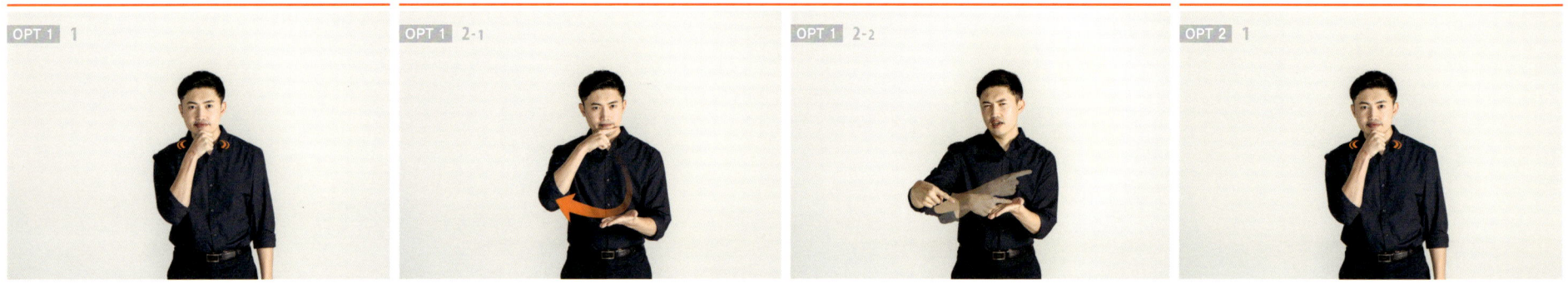
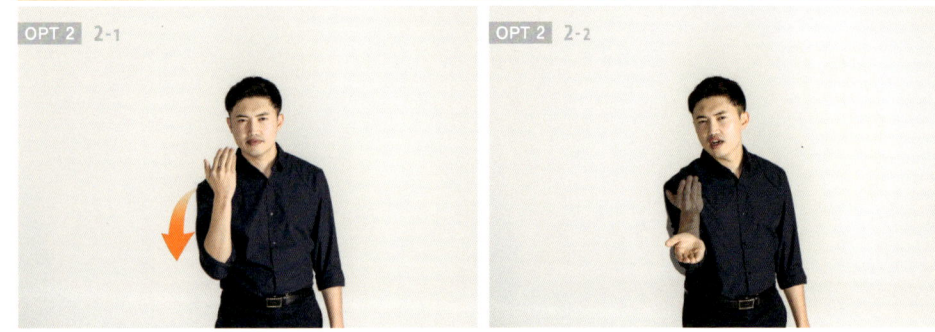

077 | 실점

상대 팀에게 점수를 내어 줌.

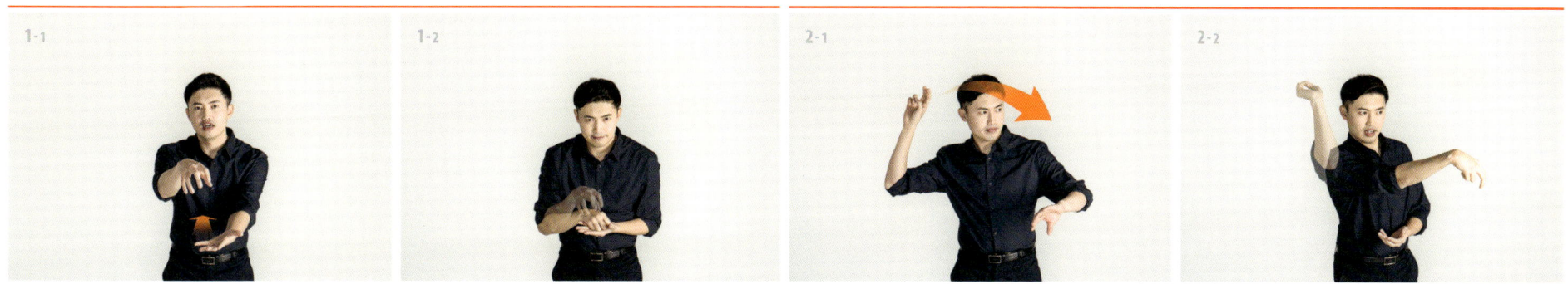

078 | 송구

수비수가 동료 수비수에게 공을 던지는 행위.

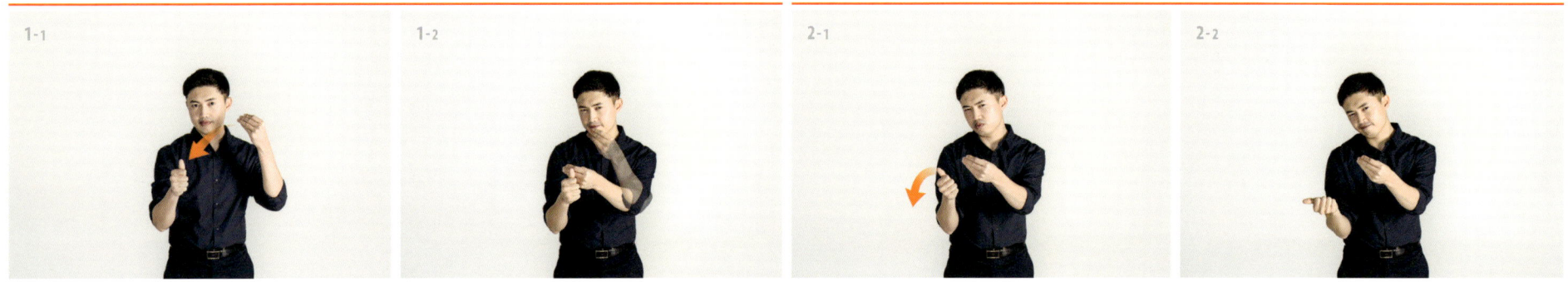

079 | 태그 아웃

공을 가진 수비수가 누(베이스)를 밟지 않은 주자의 몸을 터치하여 아웃시키는 경우.

083 | 구속

투수가 던지는 공의 속도.

082 | 실책

아웃시킬 수 있는 타구를 수비수가 실수해서 공격팀 선수의 진루를 허용.

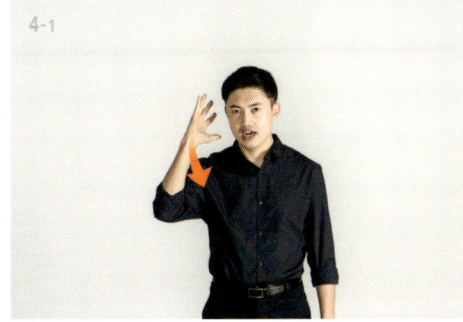

081 | 병살(더블 플레이)

수비수들이 한 번의 플레이로 주자 2명을 아웃시키는 상황.
[3명을 아웃시키는 경우 삼중살(트리플 플레이).]

080 | 포스 아웃

주자가 진루해야 하는 상황에서 공을 가진 수비수가 주자보다 먼저 누(베이스)를 터치해 아웃시키는 경우.

084 | 구위

투수가 던지는 공의 위력.

085 | 구종

투수가 던지는 공의 종류.

086 | 제구

투수가 원하는 곳으로 공을 던지는 일.
[볼 컨트롤.]

3-A 심화 용어 / 공격 용어

기호 설명

- **x2** 두 번 반복
- **>>** 빠르게
- **≈** 느리게

087 | 상위 타선

공격 때 1~5번 순서에 등장하는 강타자들.

088 | 지명 타자

투수를 대신해 타격하고, 수비는 하지 않는 타자.

089 | 타수

타자의 공격(타석)에서 볼넷, 몸에 맞는 공, 희생타 등을 뺀 값.
[타율 계산에 활용.]

090 | 출루율

타자가 누(베이스)에 살아나간 횟수를 공격 횟수로 나눈 값.
[출루한 확률.]

3-A 심화 용어 / 공격 용어

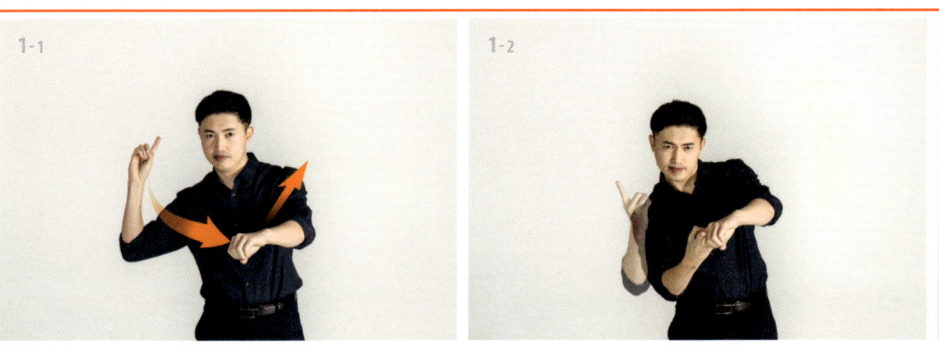

091 | 적시타

누(베이스)에 주자가 있을 때 타점을 올리는 안타.

092 | 태그 업

무사 혹은 1사 상황에서 타자가 친 뜬공(희생 플라이)이 수비수에게 잡힘과 동시에 누(베이스)를 밟고 있는 주자가 다음 누(베이스)로 전진하는 것.
*주자의 위치에 따라 손의 위치를 달리한다.

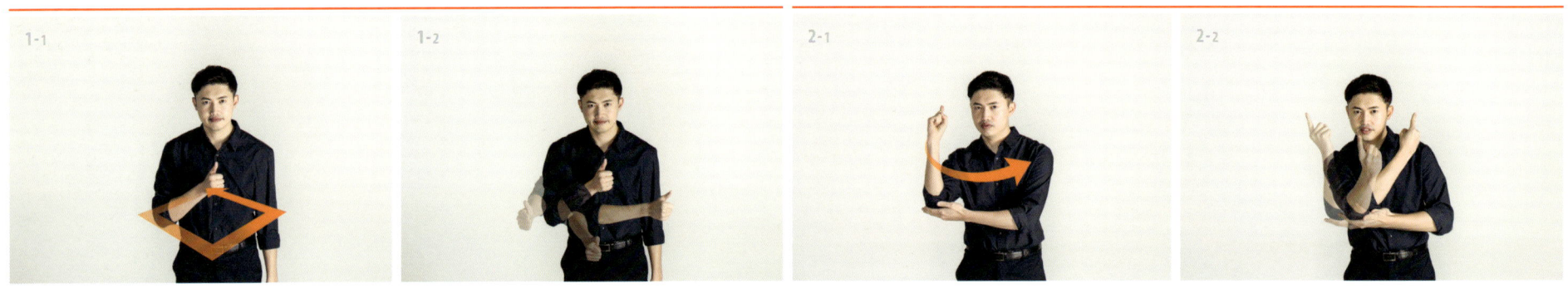

093 | 그라운드 홈런

타자가 친 공이 담장을 넘지 않았지만 상대가 수비하는 사이 1-2-3루를 거쳐 홈까지 밟아 득점한 플레이.
[인사이드 더 파크 홈런.]

094 | 페이크 번트 앤 슬래시

번트 자세를 취하다가 투수가 공을 던지면 일반적인 타격 자세로 바꿔 공을 때리는 것.

095 | 더블 스틸

주자 2명이 동시에 도루.

096 | 홈 스틸

3루 주자가 홈 베이스(본루)로 도루.

097 | 낫 아웃

2 스트라이크 이후의 공이 스트라이크 판정을 받았으나 포수가 공을 놓친 상황.
[폭투의 경우처럼 타자는 아직 아웃되지 않은 상태가 되어 1루로 뛸 수 있다.]

098 | 협살(런다운)

주자가 비어있는 두 누(베이스) 사이에 갇혀 진루도 귀루도 못하는 상황.

3-B 심화 용어 / 수비 용어

기호 설명

x2 두 번 반복

>> 빠르게

099 | 등판

투수가 공을 던지기 위해 마운드에 서는 일.

100 | 투구 수

한 경기에서 한 투수가 던진 공의 개수.

101 | 사인

상대가 알지 못하도록 팀의 전술을 전달하는 손동작.

102 | 블로킹

투수의 공이나 주자를 포수가 자신의 몸으로 막는 동작.

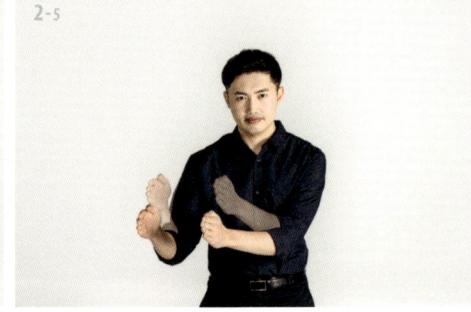

103 | 불펜

① 투수가 던지기 전에 준비 운동을 하는 장소.
② 구원 투수.

104 | 풀 카운트

3 볼, 2 스트라이크로 볼 카운트가 꽉 찬 상태.

105 | 삼자범퇴

한 이닝에 타자 3명이 연달아 아웃되는 것.

106 | 자책점

투수의 실점 중 수비 실책에 의한 점수를 뺀 기록.

107 | 세이브

3점 차 이내로 앞선 상황에서 경기를 이기도록 마무리한 구원 투수에게 주어지는 기록.

108 | 승리 투수

동점이나 역전을 허용하지 않고 팀을 승리로 이끈 투수.
[선발 투수가 승리 투수가 되려면 5이닝 이상을 던져야 한다.]

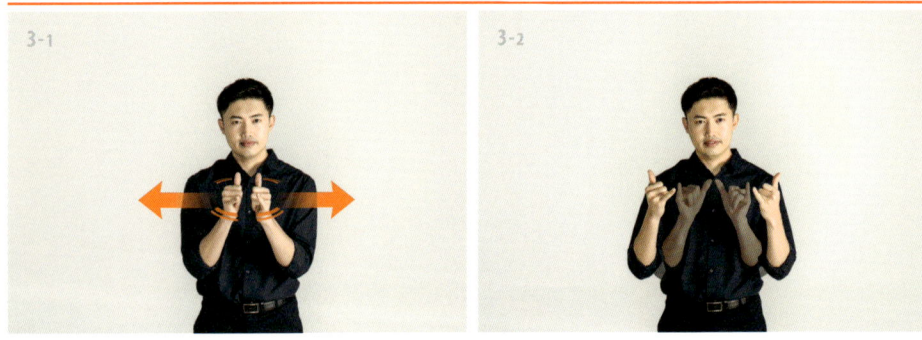

109 | 패전 투수

자기 팀의 패전에 대해 책임이 있는 투수.

110 | 완봉승

선발 투수가 경기가 끝날 때까지 던지며 1점도 주지 않고 승리하는 기록.

111 | 완투승

선발 투수가 경기가 끝날 때까지 던져 실점을 했으나 승리하는 기록.

112 | 피치 아웃

투수가 의도적으로 높게 던지는 공.
[타자는 치기 어렵고 포수는 주자의 도루를 막기 쉬움.]

113 | 파울 팁

타자 방망이에 공이 스치기만 해서 포수에게 잡히는 공.
[스트라이크로 인정.]

114 | 포일(패스트볼)

투구를 놓쳐 주자, 혹은 타자가 진루했을 때 포수에게 주어지는 기록(실책).

115 | 강속구

투수가 던지는 빠르고 강한 공.

116 | 방어율(평균 자책점)

투수가 한 경기(9이닝 기준)에서 허용하는 점수의 평균.

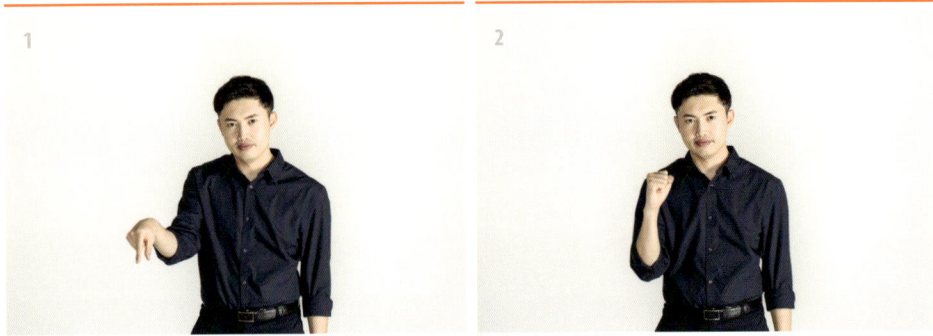

117 | 퀄리티스타트

선발 투수가 6이닝 이상 던지며 3점 이하의 자책점을 기록한 경우.

118 | 노히트 노런

투수가 경기 처음부터 끝까지 안타를 하나도 맞지 않고 실점하지 않은 경기.
[볼넷, 몸에 맞는 볼, 실책 등에 의한 출루 허용은 괜찮다.]

119 | 블론 세이브

세이브 기회에서 등판한 투수가 동점이나 역전을 허용할 때 주어지는 기록.

120 | 인 필드 플라이

무사나 1사에서 주자가 2명 이상일 때 타구가 내야에 떴을 때 수비수가 충분히 잡을 수 있다고 심판이 판단하면 미리 플라이아웃을 선언하는 행위.
[수비수가 고의로 더블 플레이하는 것을 방지.]

3-C 심화 용어 / 기타 용어

기호 설명

x2 두 번 반복

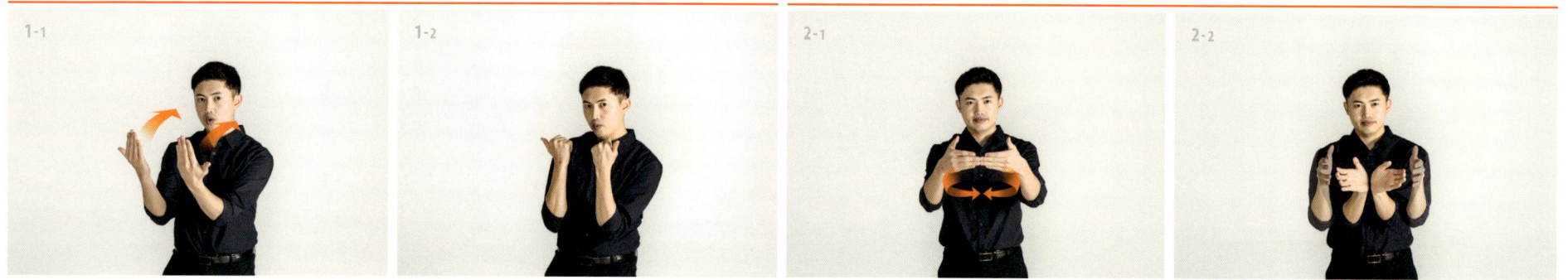

121 | 홈 팀

자기 팀의 근거지에서 다른 팀을 맞이하여 경기를 하는 팀.

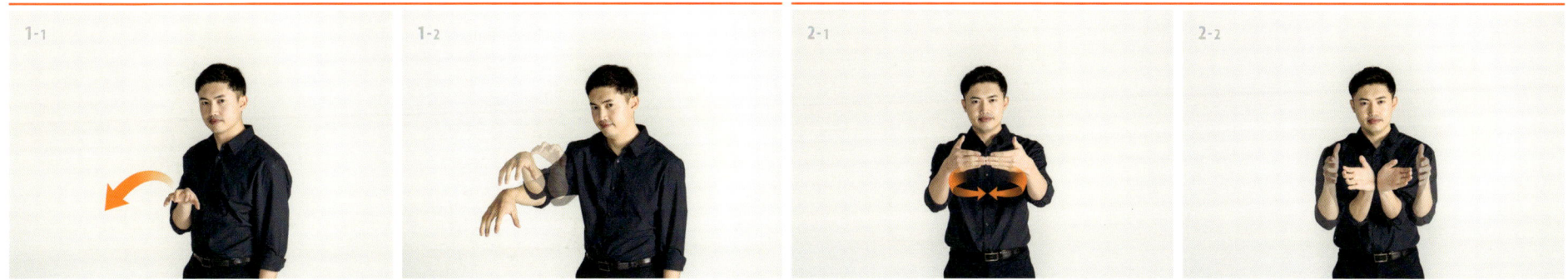

122 | 원정(어웨이) 팀

상대 팀의 근거지를 방문하여 경기를 하는 팀.

123 | 우천 연기

비가 와서 경기가 연기가 되는 상황.

124 | 우천 취소

비가 와서 경기가 취소가 되는 상황.

125 | 콜드 게임

5회 이상의 경기를 마치고 비 등의 이유로 심판이 경기 진행이 어렵다고 판단한 경우, 그때까지의 점수로 승패를 결정하는 게임.

126 | 타격 코치

타자의 기술, 자세 등을 지도하는 사람.

127 | 투수 코치

투수의 기술, 자세 등을 지도하는 사람.

| 1-1 | 1-2 | 2-1 | 2-2 |
| 3 | 4-1 | 4-2 | 4-3 |

128 | 배터리 코치

투수와 포수의 콤비네이션을 중점적으로 지도하는 사람.

129 | 포스트시즌

프로야구 정규 시즌이 끝난 뒤 최종 우승 팀을 가리는 기간(경기).

130 | FA 선수

입단 후 출전 경기 수 등의 조건을 충족시켜 모든 구단과 자유롭게 계약할 자격을 얻은 선수.

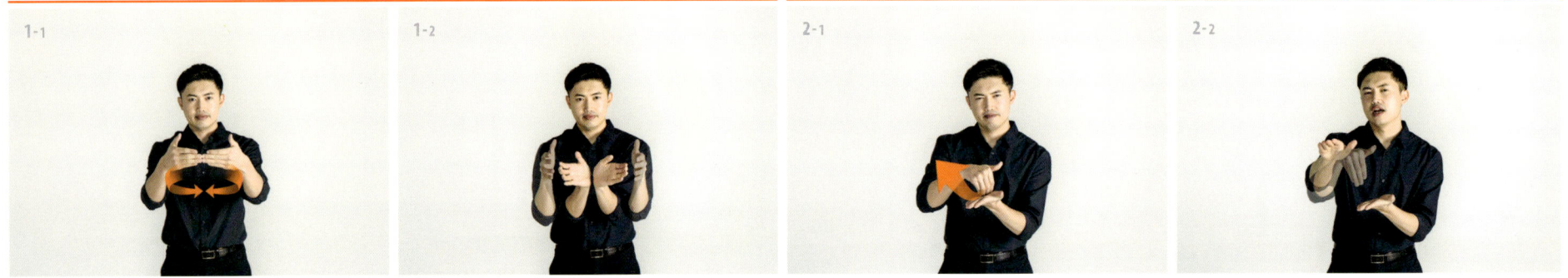

131 | 방출

구단에서 선수와의 계약을 일방적으로 포기, 해지하는 것.

132 | 메이저 리그(MLB)

미국 프로야구.

3-D 심화 용어 / 투구 구종

기호 설명

 느리게

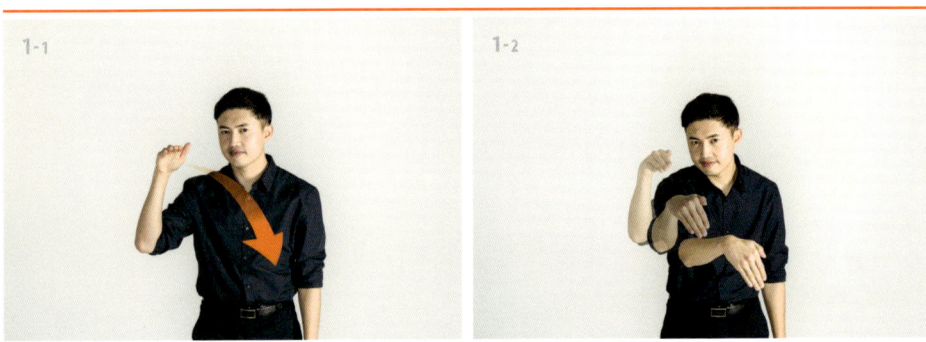

133 | 커브(커브볼)

큰 포물선을 그리며 아래로 떨어지는 변화구.

134 | 슬라이더

빠르게 날아가다가 미끄러지듯 휘어지는 공.
[직구와 커브의 중간.]

135 | 투심

두 손가락으로 공의 실밥 두 개만 걸쳐서 던지는 빠른 공.
[약간의 변화가 있다.]

136 | 커터(컷 패스트볼)

직구처럼 던지다 손가락을 약간 비틀어 던지는 변화구.
[직구와 슬라이더의 중간.]

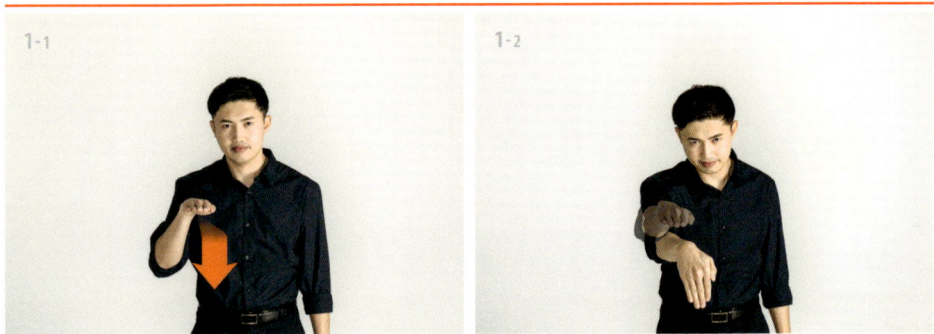

137 | 포크(포크볼)

검지와 중지를 벌려 공을 끼우고 던지는 변화구.
[타자 앞에서 급격하게 떨어진다.]

138 | 체인지업

직구처럼 던지지만 공의 회전을 줄여 타자 앞에서 약간 가라앉도록 던지는 공.
[타자의 타이밍을 빼앗는 공.]

4 프로 야구팀

기호 설명

`x2` 두 번 반복

`OPT 1` `OPT 2` `OPT 3` 선택 1, 2, 3

139 | KIA 타이거즈

1

141 | LG 트윈스

142 | NC 다이노스

143 | SK 와이번스

144 | 넥센 히어로즈

145 | 두산 베어스

146 | 롯데 자이언츠

147 | 삼성 라이온즈

148 | 한화 이글스

"**한화이글스**는 이 책이 농인과 야구의 **내일을 밝히는 불꽃**이 되길 바랍니다."

INDEX

INDEX

ㄱ

감독	022
강속구	115
견제(견제구)	074
결승타	050
구속	083
구원 투수(중계 투수)	066
구위	084
구종	085
귀루	055
그라운드 홈런	093
끝내기	051

ㄴ

낫 아웃	097
내야	006
노히트 노런	118
누(베이스)_1루	003
누(베이스)_2루	004
누(베이스)_3루	005

ㄷ

당겨치기	043
대타	059
더그아웃	010
더블 스틸	095
도루	054
득점	049
등판	099
땅볼	046

ㅁ

마운드	008
만루	056
메이저 리그(MLB)	132
몸에 맞는 볼_사구(死球)	073
밀어내기	058
밀어치기	044

ㅂ

방어율(평균 자책점)	116
방출	131
배터리 코치	128
번트	045
변화구	070
병살(더블 플레이)	081
보크	075
볼	028
볼넷_사구(四球)	072
볼 데드	037
볼 인 플레이	038
볼 카운트	031
불펜	103
블로킹	102
블론 세이브	119

ㅅ		
	사인	101
	삼자범퇴	105
	삼진	071
	상위 타선	087
	선발 투수	065
	세이브	107
	세이프	030
	세트 포지션	068
	송구	078
	스트라이크	026
	스트라이크 존	027
	슬라이더	134
	슬라이딩	057
	승리 투수	108
	실점	077
	실책	082
	심판	024

ㅇ		
	아웃	029
	안타	032
	야구장	001
	어필	040
	연장전	039
	와인드업	067
	완봉승	110
	완투승	111
	외야	007
	우익수	020
	우천 연기	123
	우천 취소	124
	원정(어웨이) 팀	122
	유격수	017
	이닝(회)	025
	인 필드 플라이	120

ㅈ		
	자책점	106
	장타	048
	적시타	091
	제구	086
	좌익수	018
	주자	021
	주자 교체(대주자)	060
	중견수	019
	지명 타자	088
	직구	069
	진루	053

ㅊ		
	체인지업	138
	출루	052
	출루율	090

ㅋ		
	커브(커브볼)	133
	커터(컷 패스트볼)	136
	코치	023
	콜드 게임	125
	퀄리티스타트	117

INDEX

ㅌ		
	타격 코치	126
	타구	061
	타석	009
	타수	089
	타순	062
	타율	064
	타임	036
	타자	011
	타점	063
	태그 아웃	079
	태그 업	092
	퇴장	042
	투구 수	100
	투수	012
	투수 코치	127
	투심	135

ㅍ		
	파울 팁	113
	파울(파울볼)	033
	패전 투수	109
	페어(페어볼)	034
	페이크 번트 앤 슬래시	094
	포수	013
	포스 아웃	080
	포스트시즌	129
	포일(패스트볼)	114
	포크(포크볼)	137
	폭투(와일드 피치)	076
	풀 카운트	104
	플라이(뜬공)	047
	피치 아웃	112

ㅎ		
	합의 판정(비디오 판독)	041
	협살(런다운)	098
	홈 베이스(홈 플레이트, 본루, 홈)	002
	홈 스틸	096
	홈 팀	121
	홈런	035

*		
	1루수	014
	2루수	015
	3루수	016
	FA 선수	130
	KIA 타이거즈	139
	kt 위즈	140
	LG 트윈스	141
	NC 다이노스	142
	SK 와이번스	143
	넥센 히어로즈	144
	두산 베어스	145
	롯데 자이언츠	146
	삼성 라이온스	147
	한화 이글스	148

이 책에 사용된 모든 사운드 웨이브는 농인들이 소리를 보고
느낄 수 있도록 **실제 음성의 음파로 디자인**하였습니다.

야구 수어 동영상은 The Biggest Voice, 세상에 없던 말
YOUTUBE 채널에서 확인하실 수 있습니다.